CHRISTIAN EASTER
Coloring Book for Kids

Sophia Valentvia

THIS BOOK BELONGS TO:

....

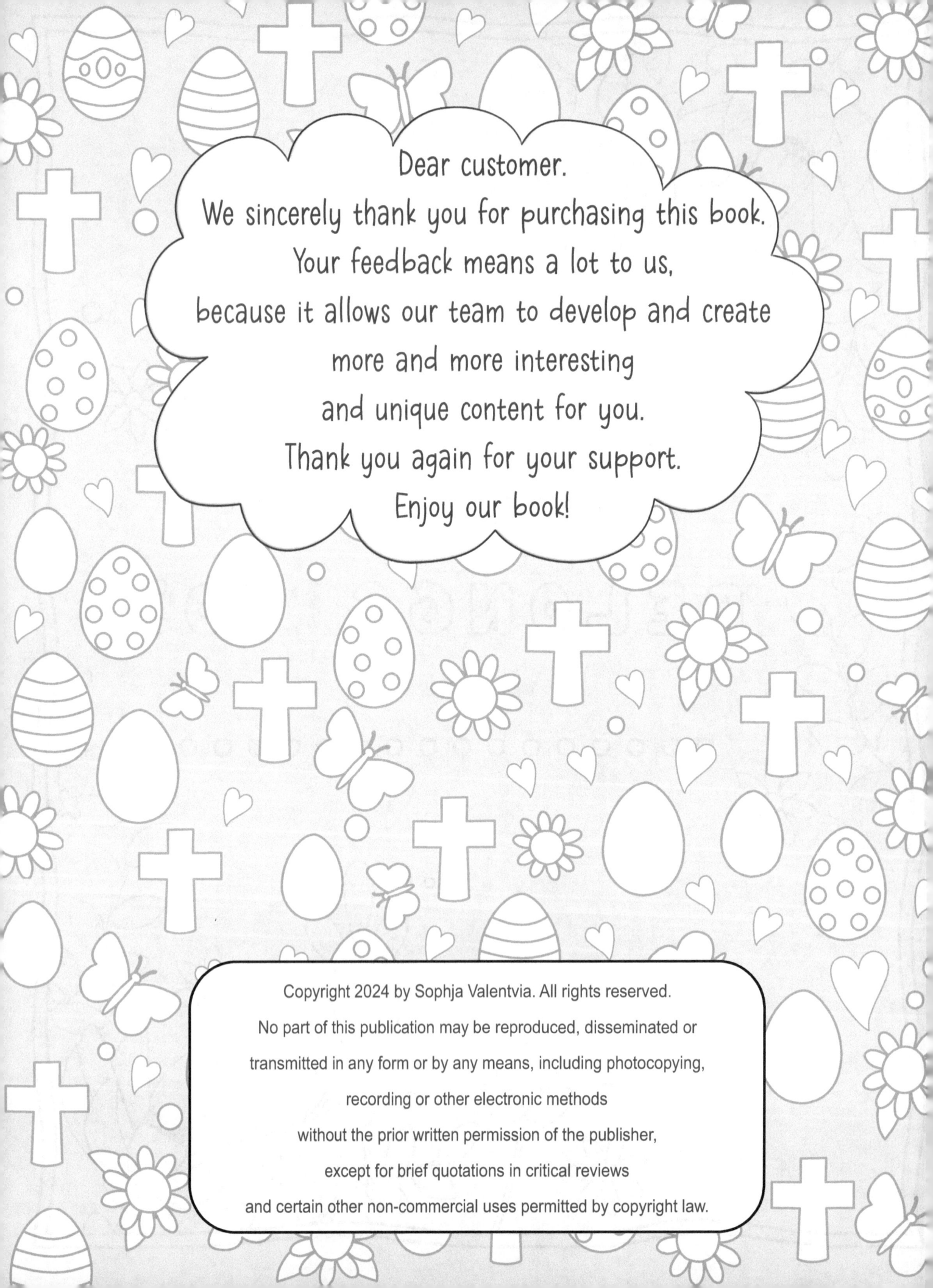

Dear customer.
We sincerely thank you for purchasing this book.
Your feedback means a lot to us,
because it allows our team to develop and create
more and more interesting
and unique content for you.
Thank you again for your support.
Enjoy our book!

Copyright 2024 by Sophja Valentvia. All rights reserved.

No part of this publication may be reproduced, disseminated or

transmitted in any form or by any means, including photocopying,

recording or other electronic methods

without the prior written permission of the publisher,

except for brief quotations in critical reviews

and certain other non-commercial uses permitted by copyright law.

HE IS RISEN!

TEST COLOR

TEST COLOR

40 Days of Lent

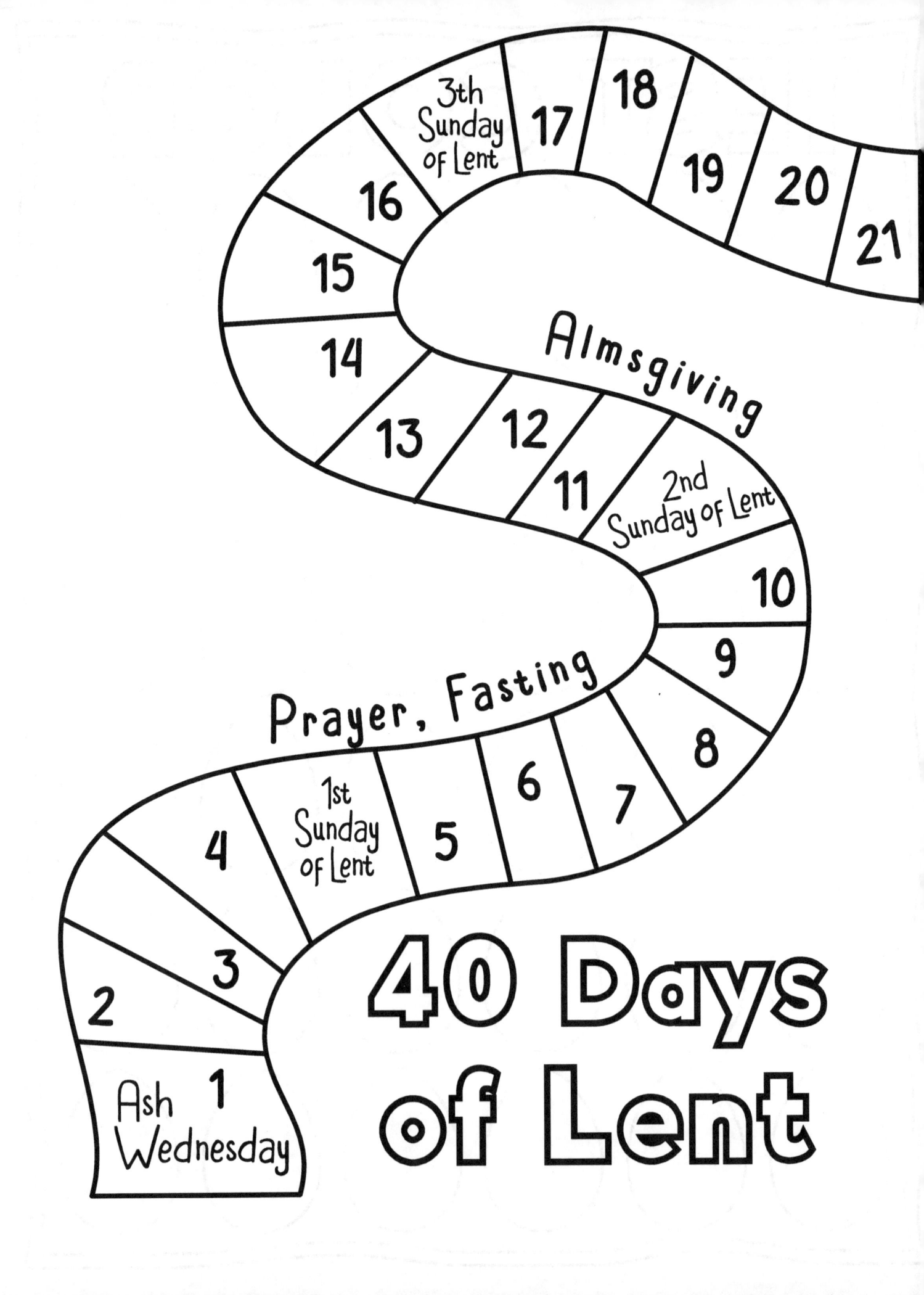

Ash Wednesday — 1, 2, 3, 4, 1st Sunday of Lent, 5, 6, 7, 8, 9, 10, 2nd Sunday of Lent, 11, 12, 13, 14, 15, 16, 3th Sunday of Lent, 17, 18, 19, 20, 21

Prayer, Fasting

Almsgiving

| 22 | 4th Sunday of Lent | 23 | 24 | 25 | 26 | 27 | 28 | 5th Sunday of Lent |

29
30
31
32
33
34
Palm Sunday
35
36
37
Holy Thursday
38
Holy Week
39
Holy Friday
40
Holy Saturday
Easter Sunday

He is Risen!

HE IS RISEN!

Count all the items and write the answer in the empty circles at the bottom of the page.

Color them all !

Find 9 words related to Easter.
Search words in directions: →, ↘, ↓

P	V	O	C	X	F	I	O	L	A	D	R
E	H	M	P	H	P	E	W	R	N	T	A
A	X	N	C	J	B	C	H	S	G	O	D
S	R	M	A	R	C	H	Q	E	E	E	O
T	X	E	S	H	O	N	C	D	L	H	R
E	P	K	G	O	U	S	W	Z	N	R	A
R	F	C	H	R	I	S	T	F	L	Y	H
N	S	R	X	T	A	E	N	T	D	T	L
A	O	O	G	O	K	V	P	B	R	U	I
T	F	S	J	B	I	W	E	B	C	O	F
E	B	S	T	E	N	R	I	T	Y	I	E
W	S	O	M	R	P	R	A	Y	O	N	I

- Cross
- Easter
- march
- grave
- angel
- God
- pray
- Christ
- life

See the solution on the next page :)

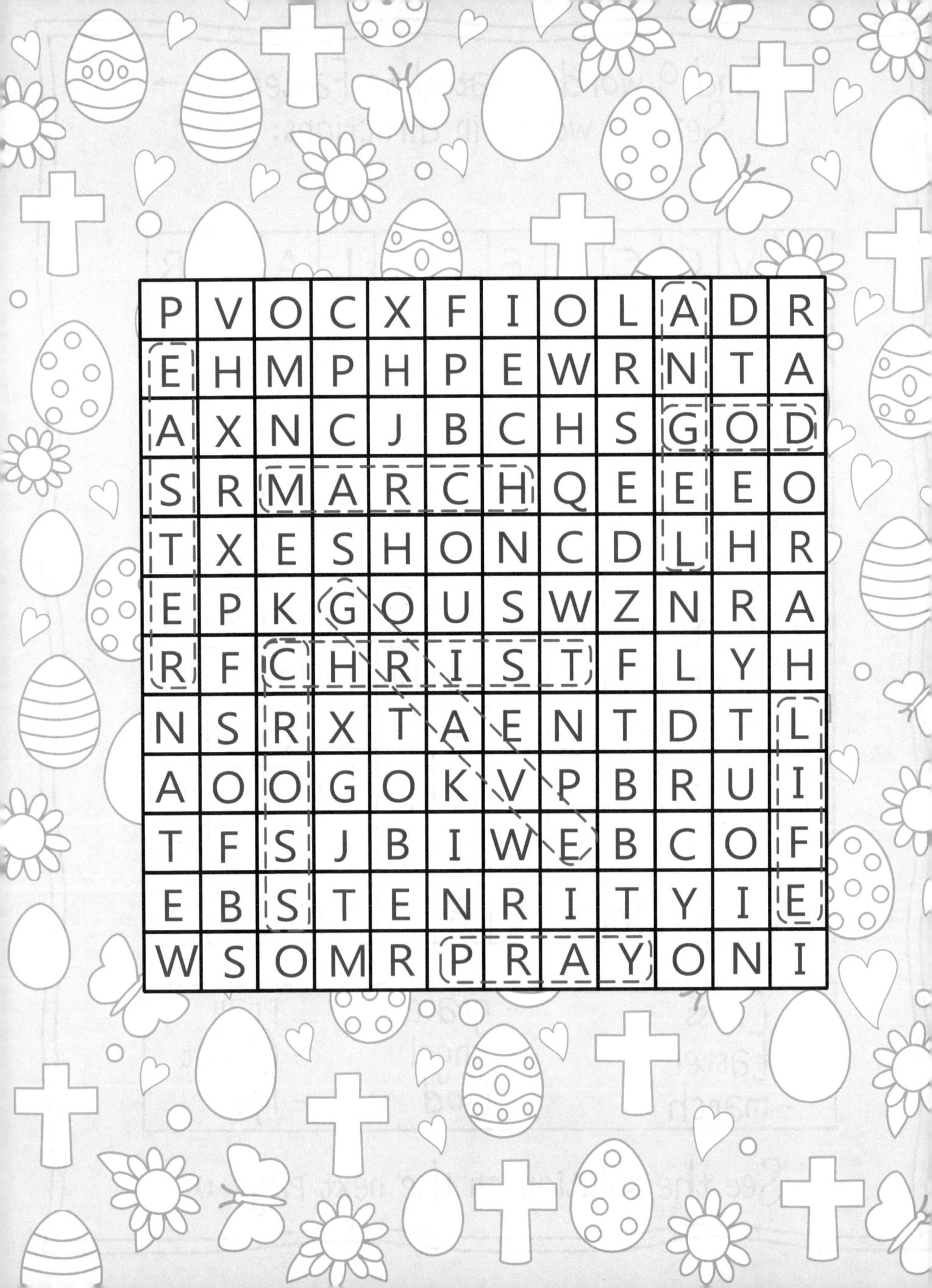

P	V	O	C	X	F	I	O	L	A	D	R
E	H	M	P	H	P	E	W	R	N	T	A
A	X	N	C	J	B	C	H	S	G	O	D
S	R	M	A	R	C	H	Q	E	E	E	O
T	X	E	S	H	O	N	C	D	L	H	R
E	P	K	G	O	U	S	W	Z	N	R	A
R	F	C	H	R	I	S	T	F	L	Y	H
N	S	R	X	T	A	E	N	T	D	T	L
A	O	O	G	O	K	V	P	B	R	U	I
T	F	S	J	B	I	W	E	B	C	O	F
E	B	S	T	E	N	R	I	T	Y	I	E
W	S	O	M	R	P	R	A	Y	O	N	I

Write the missing letters in the blank Spaces so that they form the correct word

1. B _ _ L _

2. C _ _ N _ _ | _ _
   T _ _ _ N

3. C _ O _ _

4. B _ E _ _

Color them all !

Easter Basket

Find and pair the same characters.

Color them all !

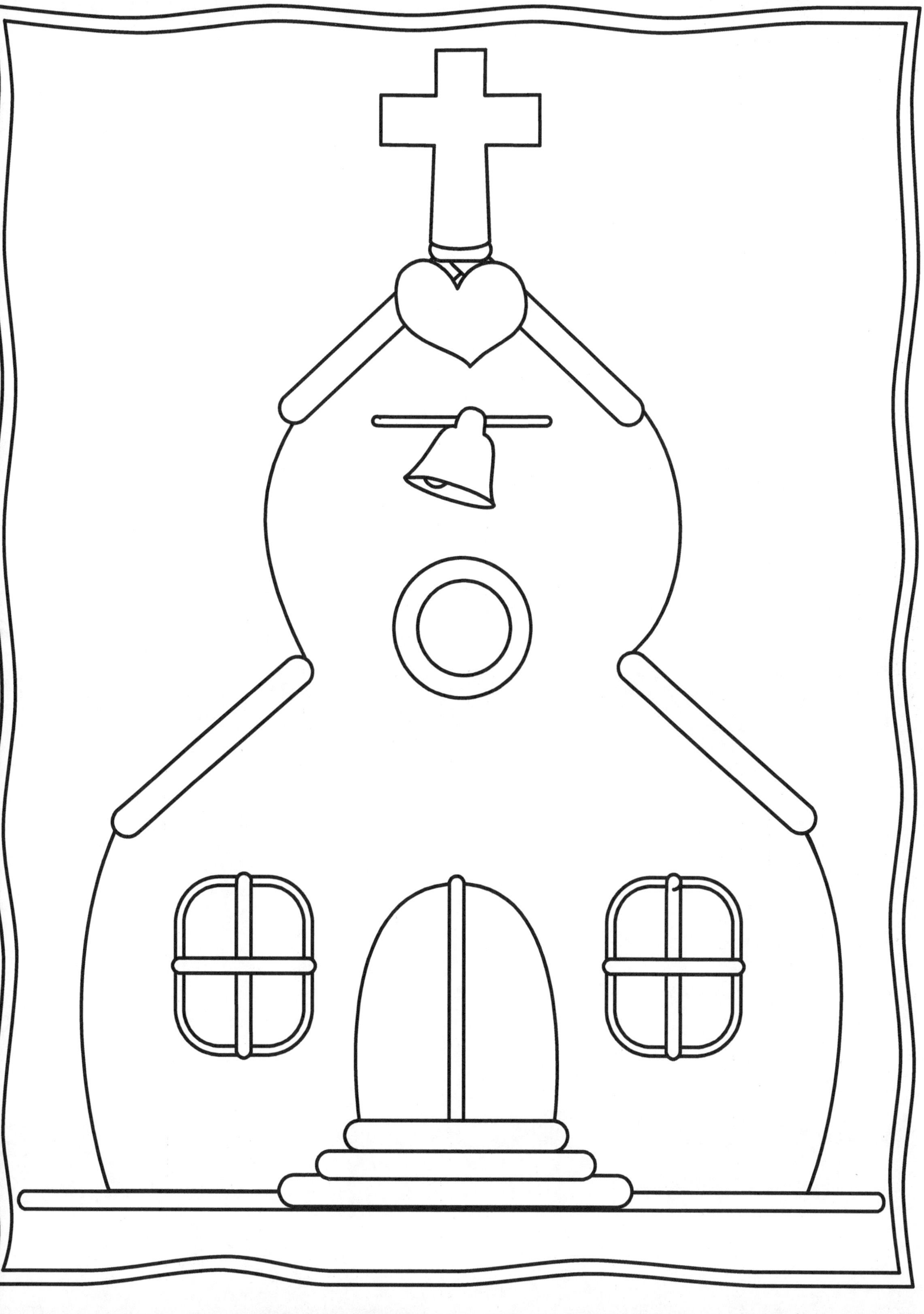

Help the chick find its way to its Easter Egg :)
Good luck!

Connect the elements with their shadows with a line.

Color them all!

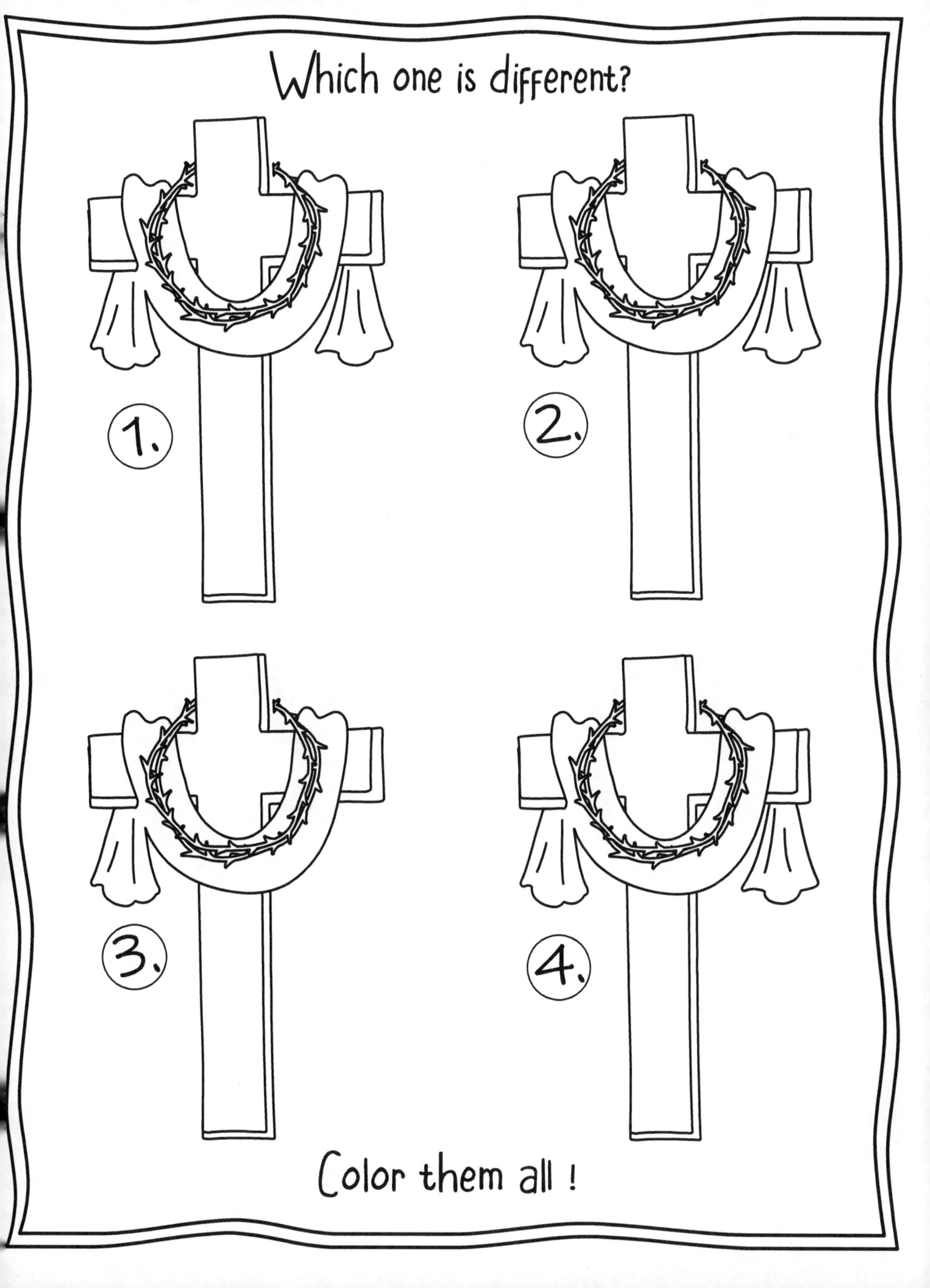

Which one is different?

1.
2.
3.
4.

Color them all !

Count all the items and write the answer in the empty circles at the bottom of the page.

Color them all !

Write the missing letters in the blank Spaces so that they form the correct word

1. P [ ] L [ ]

2. G [ ] A [ ] E [ ]

3. C [ ] AL [ ] E [ ]

4. LA [ ] [ ]

Color them all !

EASTER SUNDAY

Find 9 words related to Easter.
Search words in directions: → ↓ ↘

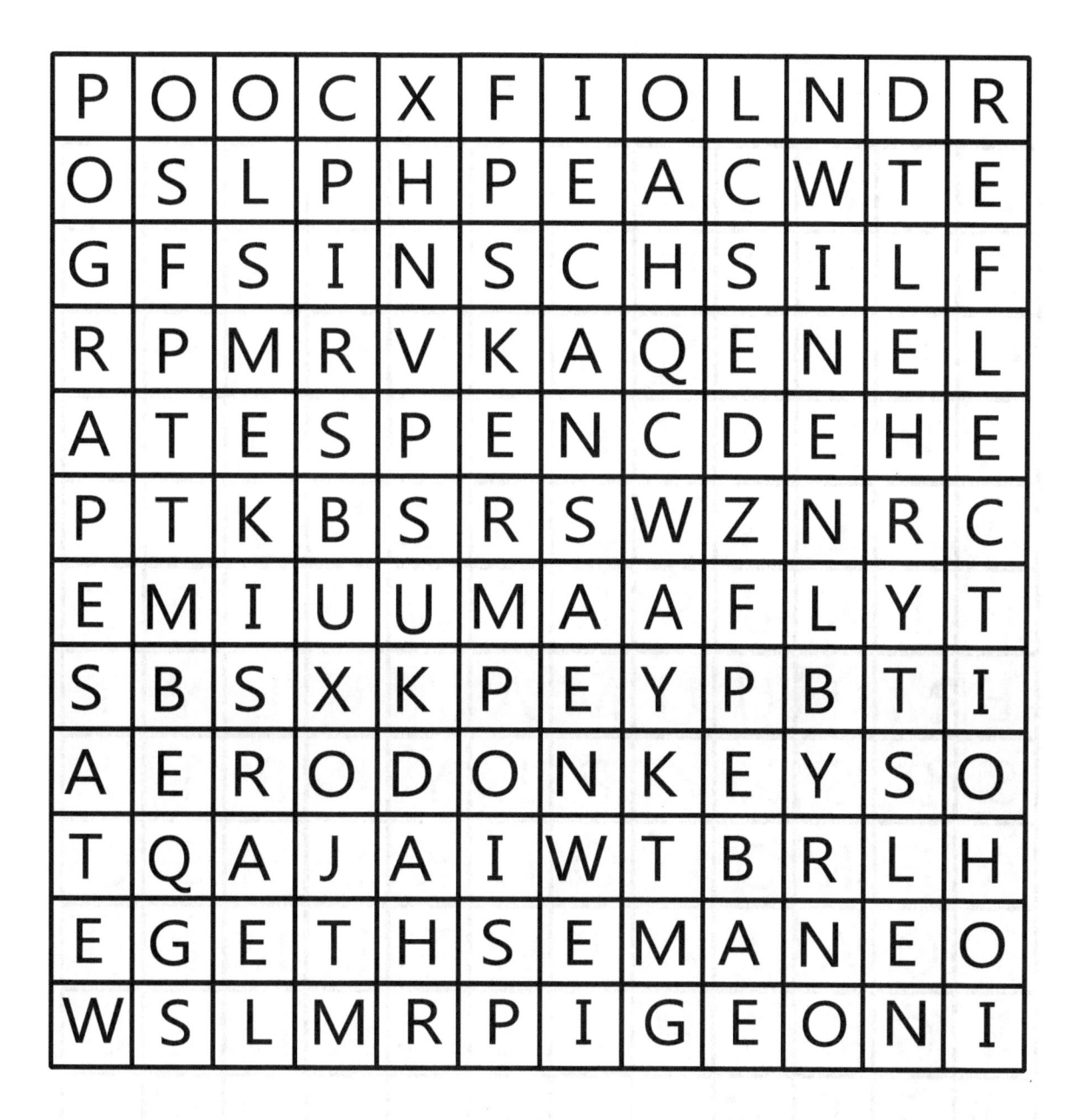

P	O	O	C	X	F	I	O	L	N	D	R
O	S	L	P	H	P	E	A	C	W	T	E
G	F	S	I	N	S	C	H	S	I	L	F
R	P	M	R	V	K	A	Q	E	N	E	L
A	T	E	S	P	E	N	C	D	E	H	E
P	T	K	B	S	R	S	W	Z	N	R	C
E	M	I	U	U	M	A	A	F	L	Y	T
S	B	S	X	K	P	E	Y	P	B	T	I
A	E	R	O	D	O	N	K	E	Y	S	O
T	Q	A	J	A	I	W	T	B	R	L	H
E	G	E	T	H	S	E	M	A	N	E	O
W	S	L	M	R	P	I	G	E	O	N	I

- grapes
- prayer
- Gethsemane
- olives
- Israel
- pigeon
- donkey
- sins
- wine

See the solution on the next page :)

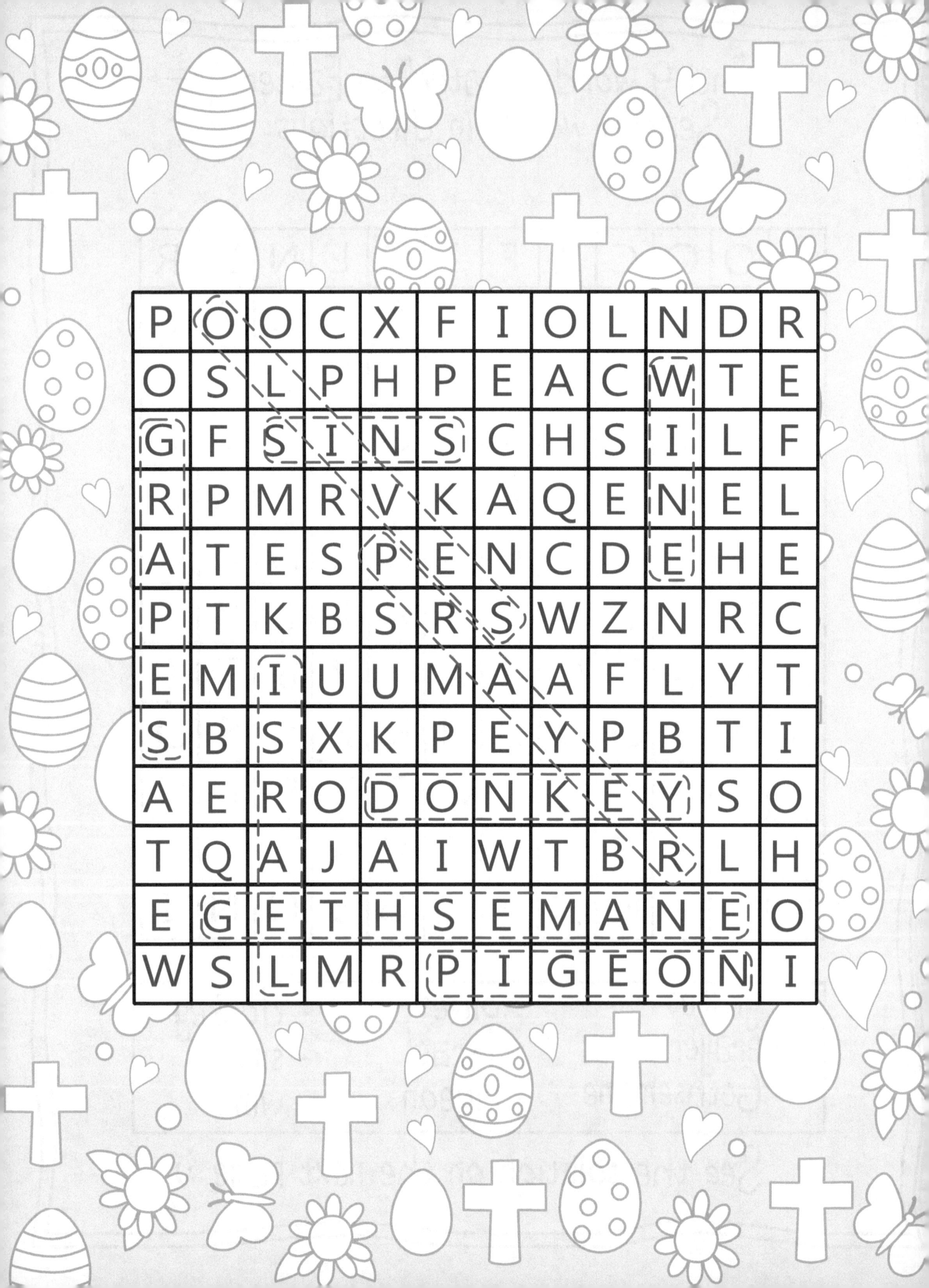

P	O	O	C	X	F	I	O	L	N	D	R
O	S	L	P	H	P	E	A	C	W	T	E
G	F	S	I	N	S	C	H	S	I	L	F
R	P	M	R	V	K	A	Q	E	N	E	L
A	T	E	S	P	E	N	C	D	E	H	E
P	T	K	B	S	R	S	W	Z	N	R	C
E	M	I	U	U	M	A	A	F	L	Y	T
S	B	S	X	K	P	E	Y	P	B	T	I
A	E	R	O	D	O	N	K	E	Y	S	O
T	Q	A	J	A	I	W	T	B	R	L	H
E	G	E	T	H	S	E	M	A	N	E	O
W	S	L	M	R	P	I	G	E	O	N	I

Find and pair the same characters.

Color them all !

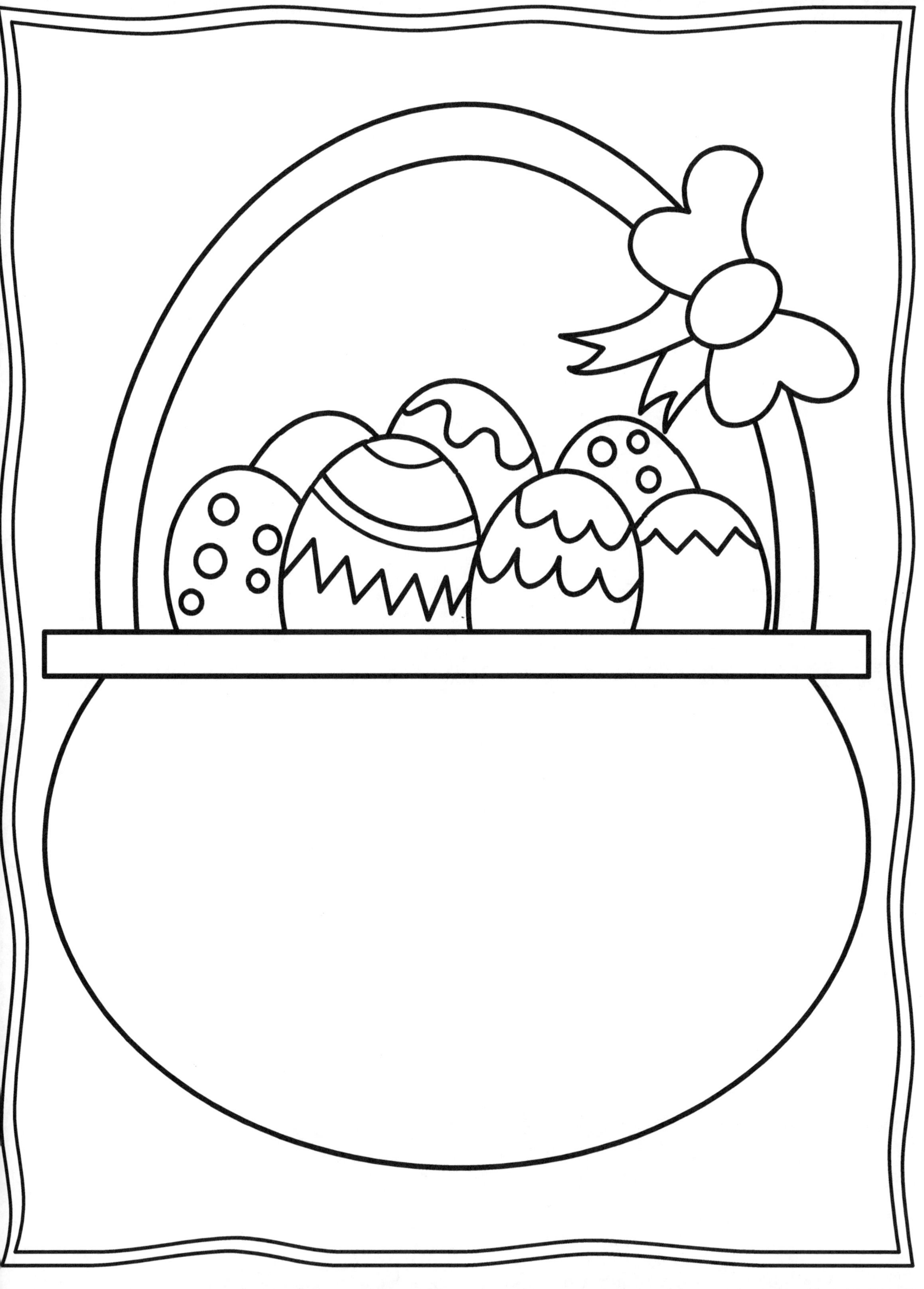

JESUS Loves us

Help the bee find its way to its flower :)
Good luck!

Easter egg is a sign of new life, overcoming death

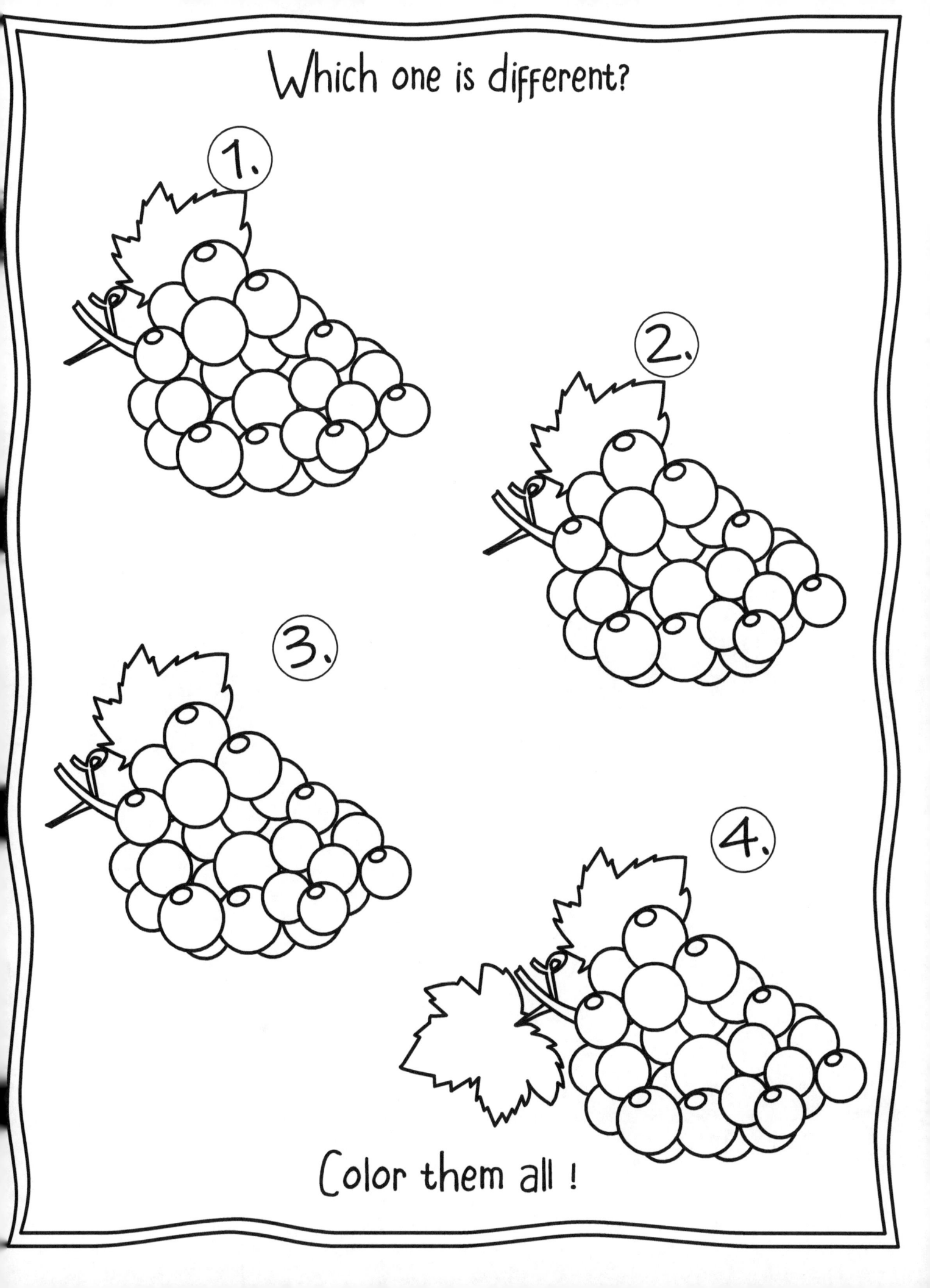

Which one is different?

1.
2.
3.
4.

Color them all !

Find 9 words related to Easter.
Search words in directions: → ↘ ↓

A	D	O	S	J	U	D	G	E	N	D	R
H	B	M	P	A	U	E	A	C	H	T	E
P	I	N	F	A	O	F	H	S	U	L	F
K	B	M	R	U	R	G	A	E	T	E	L
E	L	E	I	L	P	A	F	M	B	H	E
R	E	S	U	R	R	E	C	T	I	O	N
Z	B	U	A	T	A	O	A	A	L	L	T
L	E	N	T	U	P	C	N	P	H	T	Y
A	O	D	L	R	K	N	L	B	P	U	O
S	N	A	L	G	A	R	D	E	N	L	N
E	S	Y	H	Y	N	R	I	T	Y	I	E
W	S	T	M	R	M	E	R	N	O	A	H

- Resurrection
- Sunday
- family
- Lent
- miracle
- garden
- Noah
- Bible
- judge

See the solution on the next page :)

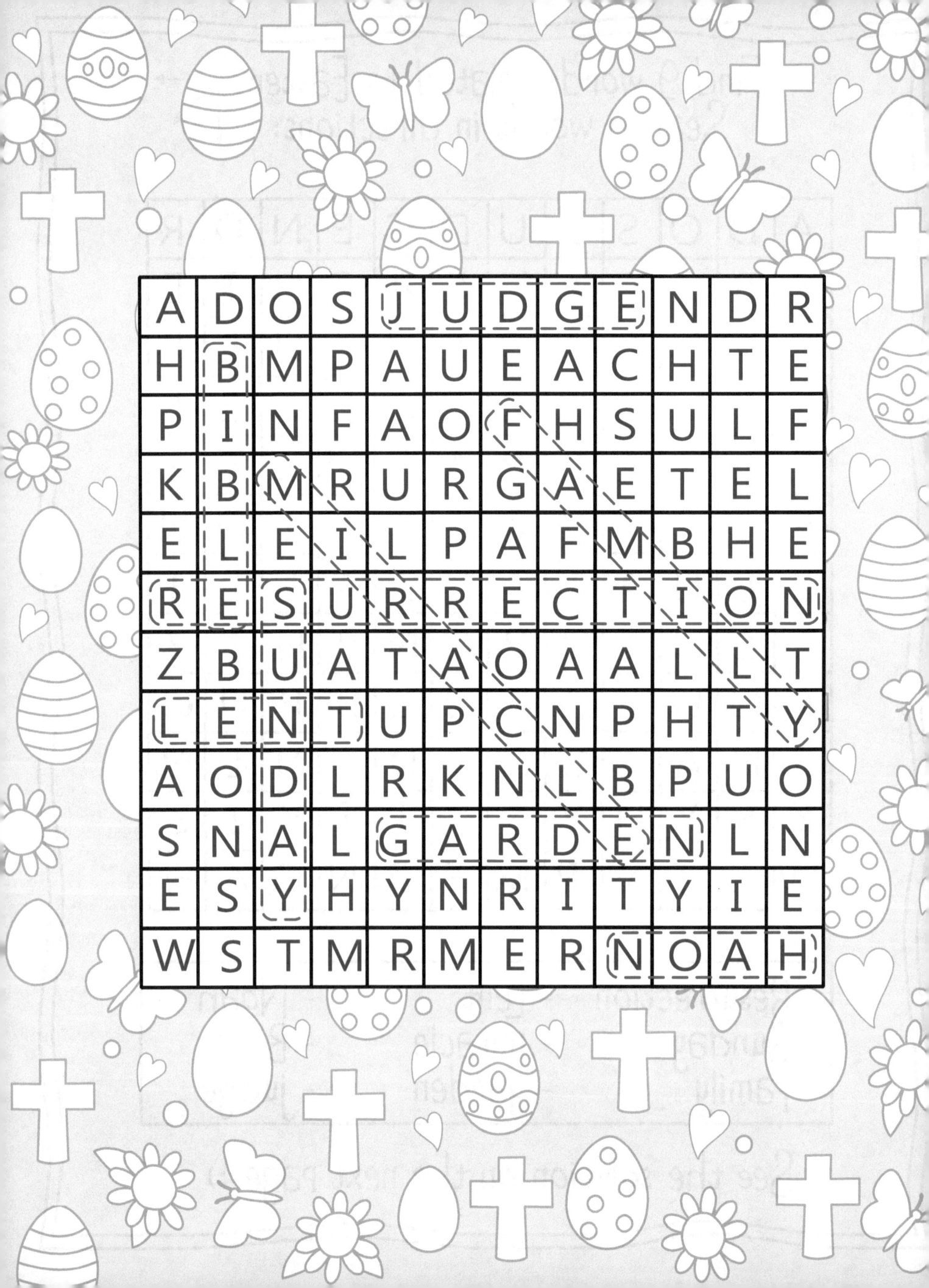

A	D	O	S	J	U	D	G	E	N	D	R
H	B	M	P	A	U	E	A	C	H	T	E
P	I	N	F	A	O	F	H	S	U	L	F
K	B	M	R	U	R	G	A	E	T	E	L
E	L	E	I	L	P	A	F	M	B	H	E
R	E	S	U	R	R	E	C	T	I	O	N
Z	B	U	A	T	A	O	A	A	L	L	T
L	E	N	T	U	P	C	N	P	H	T	Y
A	O	D	L	R	K	N	L	B	P	U	O
S	N	A	L	G	A	R	D	E	N	L	N
E	S	Y	H	Y	N	R	I	T	Y	I	E
W	S	T	M	R	M	E	R	N	O	A	H

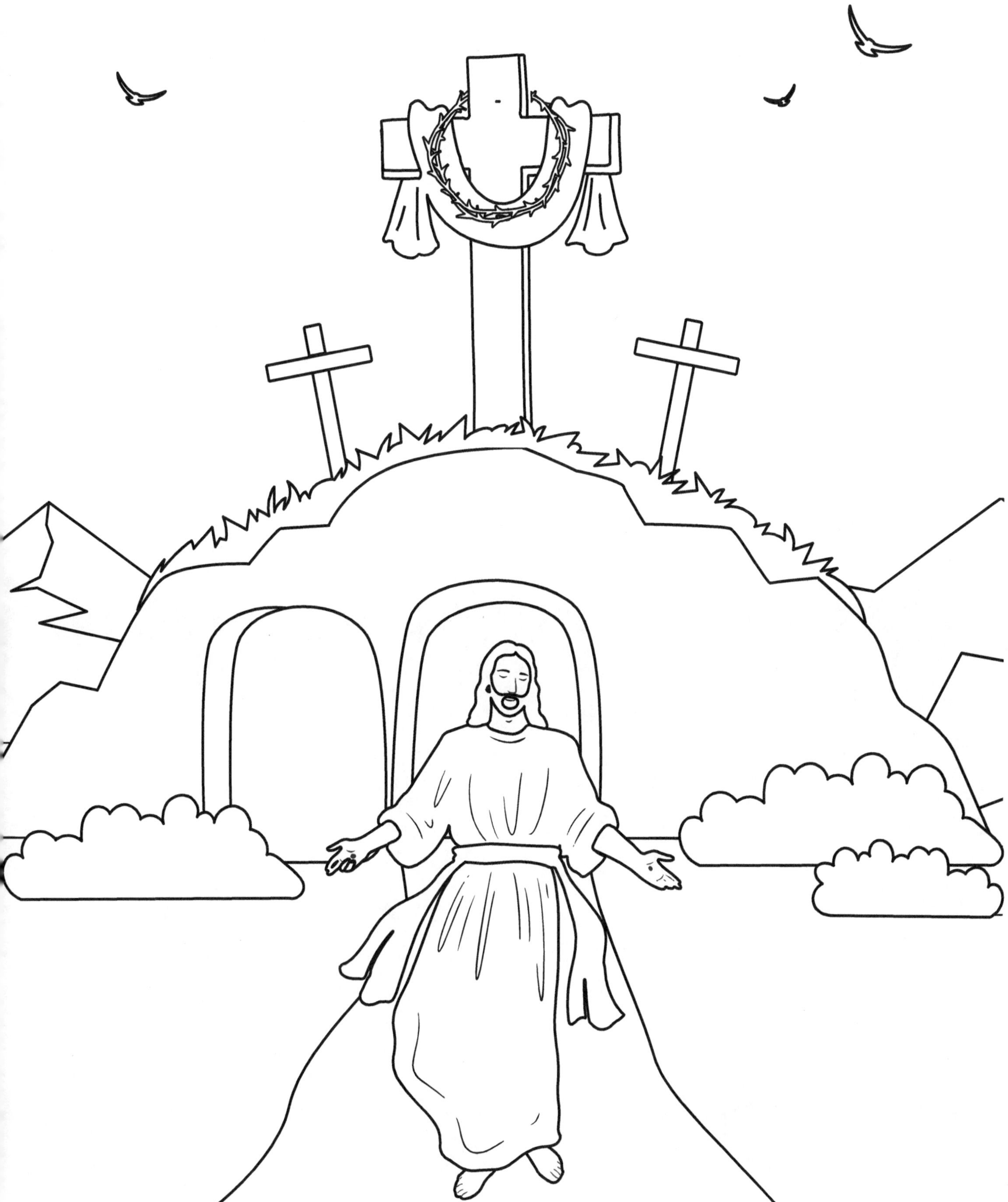

Write the missing letters in the blank Spaces so that they form the correct word

1. B A _ K _ _

2. E _ T _ _
   E _ _

3. D _ _ E

4. G _ A _ _

Count all the items and write the answer in the empty circles at the bottom of the page.

Color them all!

Which one is different?

1.
2.
3.
4.

Color them all !

Jesus died on the cross for our redemption

Find 9 words related to Easter

Search words in directions: →, ↓, ↘

W	V	S	C	B	F	C	H	L	N	D	R
S	H	U	J	E	S	U	S	P	H	T	E
O	H	N	F	T	B	C	H	E	Y	P	F
L	C	F	C	H	R	I	S	T	I	A	N
D	N	L	S	L	P	R	C	D	A	S	Y
I	E	O	B	E	U	D	E	Z	N	C	E
E	Y	W	U	H	M	L	A	I	L	H	T
R	K	E	L	E	E	A	V	M	D	A	I
S	P	I	E	M	K	A	P	B	P	E	O
I	M	C	N	R	E	A	V	H	C	L	L
S	D	H	T	G	N	R	D	E	A	T	H
R	O	C	K	O	L	I	D	A	N	N	I

- Pascha
- Jesus
- soldiers
- Christian
- Heaven
- rock
- Bethlehem
- King
- death

See the solution on the next page :)

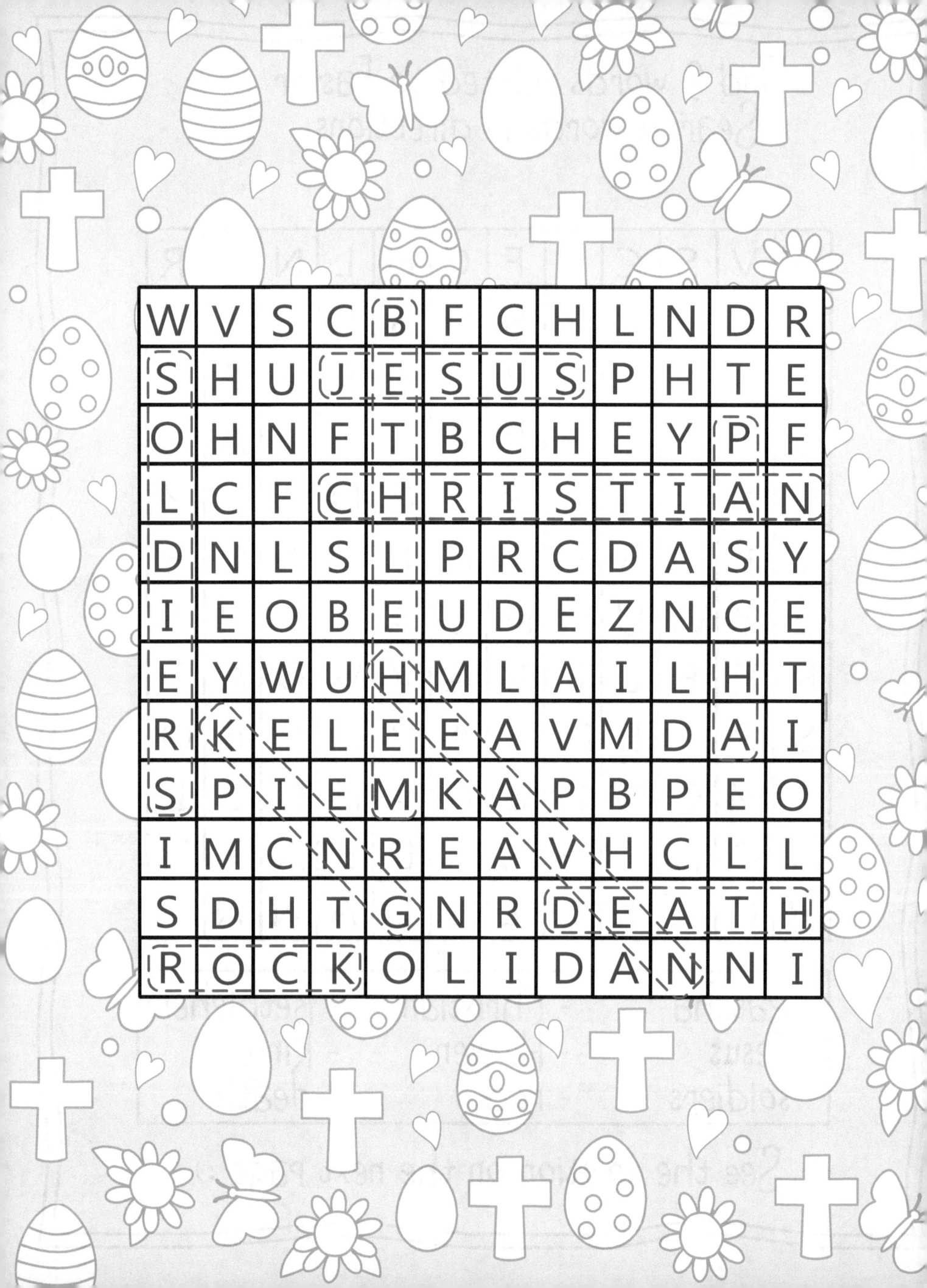

W	V	S	C	B	F	C	H	L	N	D	R
S	H	U	J	E	S	U	S	P	H	T	E
O	H	N	F	T	B	C	H	E	Y	P	F
L	C	F	C	H	R	I	S	T	I	A	N
D	N	L	S	L	P	R	C	D	A	S	Y
I	E	O	B	E	U	D	E	Z	N	C	E
E	Y	W	U	H	M	L	A	I	L	H	T
R	K	E	L	E	E	A	V	M	D	A	I
S	P	I	E	M	K	A	P	B	P	E	O
I	M	C	N	R	E	A	V	H	C	L	L
S	D	H	T	G	N	R	D	E	A	T	H
R	O	C	K	O	L	I	D	A	N	N	I

Help the lamb find its way to the Easter Egg :)
Good luck!

Which one is different?

1.

2.

3.

4.

Color them all !

RESURRECTION

Connect the elements with their shadows with a line.

Color them all !

Help the bee find its way to its flower :)
Good luck!

Jesus ascended to heaven on the 40th day after His Resurrection

Your notes

Happy Easter!

Please leave a review, I would love to know it!

Your notes

Your notes

Your notes

Your notes

Made in United States
Troutdale, OR
04/04/2025